ALLOCUTION

DE

MONSEIGNEUR L'ARCHEVÊQUE D'ALBY

POUR

le Mariage de M. Albert de VREGILLE

AVEC

Mlle Jeanne PIEGAY

DANS L'ÉGLISE DE SAINT-FRANÇOIS, A LYON

le 2 Février 1875.

Il n'y a guère plus d'un an, mon cher Frère et ma chère Sœur, que je suis venu dans votre belle et bonne ville de Lyon bénir, en face des mêmes autels et presque en présence de la même société, l'union de deux jeunes époux qui vous tiennent de bien près, tant par les liens du sang que par ceux d'une sincère affection.

Pouvais-je, sur le vœu que vous avez eu la bonté de m'exprimer, ne pas venir avec le même plaisir recevoir, à votre tour, les serments qui allaient désormais unir vos deux existences ?

Je me suis d'autant plus empressé de déférer au pieux désir que vous veniez de me manifester, que je savais le prix que vous attachiez à la bénédiction qui vous serait donnée par la main d'un vieil ami.

Cette main, je me plais à vous le rappeler, a déjà béni, sans parler de celle de l'année dernière, bien des unions qui vous sont chères ; aucune d'elles, que je sache, qui ait donné le moindre chagrin et inspiré le moindre regret ; toutes ont prospéré, devant Dieu et devant les hommes, sous la bénigne influence du sacrement que nous leur avions administré.

Est-ce qu'il n'en serait pas de même pour vous, mon cher frère et ma chère sœur ? Loin de moi une telle pensée ; il me semble, au contraire, d'après tout ce que je vois, que tout s'annonce pour le mieux. Tous mes pressentiments sont pour votre bonheur et votre bonheur le plus complet.

Il ne dépendra pas de moi, en tous cas, que tous ces vœux ne se réalisent dans toute leur étendue ; je viens, à ce sujet, me mettre, avec toutes les bénédictions que le Seigneur a daigné attacher à mon ministère, à votre pleine et entière disposition ; à mesure que vous prononcerez vos serments, je prierai de toute mon âme le Seigneur de les agréer et de les bénir.

Quelle heure solennelle pour vous, mon cher frère et ma chère sœur ! Je comprends qu'elle vous émeuve, qu'elle vous surexcite, qu'elle vous transporte. Il y en a peu, dans la vie, qui soient aussi décisives. Elle va, en un clin d'œil, modifier du tout au tout le cadre de votre existence.

Jusqu'à présent, vous étiez l'un et l'autre maîtres de vous-mêmes. Vous pouviez disposer, comme vous l'entendiez, de toutes vos pensées, de tous vos désirs, de toutes vos affections. Il n'était permis à personne, pas même à vos excellents parents, de s'ingérer dans les affaires de votre conscience.

Désormais il n'en sera pas de même ; un autre viendra, la loi divine à la main, réclamer sa part dans tout ce qui touche à vos pensées, à vos sentiments, à vos inclinations ; c'est un droit que vous ne pourrez en réalité lui contester ; il vous déclarera qu'aux termes de la loi qui fut donnée à l'homme sur le berceau même du monde, il ne fait qu'un avec vous : *Et crunt duo in carne unâ.*

A qui donc, d'après cet arrêt sacré de la Providence, appartiendrez-vous ? On peut, à cette heure où votre choix est

— 3 —

fait et bien fait, vous le dire sans crainte de mal engager votre
avenir. C'est à un être béni que le Seigneur, dans les combinai-
sons de sa sagesse infinie, a créé et mis au monde exprès
pour vous. De quelles admirables facultés ne l'a-t-il pas, dans ce
but, pourvu et doué ? On dirait qu'il a mis de l'aimant dans
toutes les parties de son être pour vous attirer à lui. Le fait est
que vous ne pouvez vous approcher de lui sans vous sentir comme
entraîné par une sorte de courant magnétique. Ce sont les pre-
mières effluves de l'affection qui, s'infiltrant goutte à goutte dans
votre cœur, va le tenir, comme le buisson ardent dont parle
Moyse, à l'état d'une douce et inaltérable chaleur; ce buisson,
raconte-t-il, brûlait toujours sans se consumer.

Eh bien! mon cher frère et ma chère sœur, c'est avec cet être
mille fois béni, que vous allez cheminer côte à côte, ou plutôt
cœur à cœur, dans cette grande voie qu'on appelle la vie. Si
elle est douce et facile, comme celles qu'on rencontre dans vos
belles vallées du Rhône et de la Saône, vous en jouirez ensemble;
on aime à se communiquer, quand on voyage à deux, ses impres-
sions sur les hommes et sur les choses qu'on trouve sur sa
route. Si, au contraire, elle est rude et pénible, comme celles
qu'on a tracées à travers les escarpements de nos montagnes,
vous vous aiderez mutuellement à franchir ses cols les plus diffi-
ciles; on porte mieux à deux un fardeau qui est trop lourd et
pesant pour un seul.

C'est, comme vous voyez, tout à fait une nouvelle situation qui
s'ouvre devant vous; quelle foule de devoirs ne vous imposera-t-
elle pas ? Élevés l'un et l'autre à l'école de la Religion, tant sous
le toit paternel que dans des établissements qui ont fait leurs
preuves, vous les connaissez aussi bien que moi. Je me bornerai,
par conséquent, à vous les rappeler de la manière la plus sommaire.

Vous, Monsieur Albert, vous le digne rejeton d'une noble et
religieuse famille qui a donné à l'État comme à l'Église tant
d'hommes de mérite; vous, dont l'éducation a été si soignée et
si bien dirigée sous les yeux de l'illustre Cardinal que la Franche-
Comté entoure de tout son respect: vous qui, sans rien sacrifier
des traditions du passé, savez si bien accorder aux exigences des

temps modernes ce qu'ils imposent d'égards et de convenance, quelles obligations n'allez-vous pas contracter vis-à-vis de celle qui va devenir votre épouse ! Est-il nécessaire de vous dire que vous devez l'aimer ? Mon Dieu ! c'est un sentiment qui ne se commande pas ; il part du cœur comme l'étincelle qui s'échappe d'un foyer embrasé ; vous n'avez besoin pour cela que de laisser aller votre cœur à la fibre qui le fait mouvoir. Il s'attachera de plus en plus, à mesure qu'il la connaîtra davantage, à celle qui a déjà toutes ses sympathies. Vous l'aimerez comme Abraham aimait Sara, comme Isaac aimait Rebecca, comme Jacob aimait Rachel, comme Booz aimait Ruth. Que dis-je ! ce que je dis était bon pour les fils des patriarches, pour les enfants de l'ancienne loi, de cette loi qui inspirait plus de crainte que d'amour ; mais ce n'est pas assez pour les frères de J. C., pour les enfants de la nouvelle loi, de cette loi qui est toute de tendresse et d'amour ; un plus beau modèle leur est donné, un plus beau type est mis sous leurs yeux. St Paul leur enseigne qu'ils doivent aimer leurs épouses comme J. C. aime l'Église : *Viri, diligite uxores vestras sicut Christus dilexit Ecclesiam.* Or, combien le Sauveur n'a-t-il pas aimé l'Église, puisque, après l'avoir formée de ses propres mains, éclairée de ses divines lumières, fécondée de ses sueurs, il est mort pour elle ? Pouvait-il, je le demande, lui donner une plus grande marque de sa tendresse ? *Nemo majorem hâc dilectionem habet ut animam suam ponat quis pro amicis suis.*

Donc, vous dirai-je, avec le naïf St François de Sales : Maris, ce n'est pas assez d'aimer vos épouses d'un amour naturel, les paires de tourterelles en font autant ; ce n'est pas non plus assez de les aimer d'un amour profane, les païens en font encore autant ; vous les aimerez d'un amour tout saint, tout sacré, tout divin, c'est-à-dire inspiré et sanctifié par la religion, et cet amour, soyez-en convaincu, sera toujours le plus sûr, le plus solide, le plus invariable ; il sera du moins à l'abri des retours et des refroidissements qui sont si fréquents dans les alliances dont la passion ou un vil intérêt a été le mobile.

Vous aurez en tout temps pour elle, c'est-à-dire non-seulement

en public, dans le salon, devant la société, mais encore en parti-
culier, lorsque vous serez seul avec elle, ces égards, cette
déférence, cette politesse, et j'ose dire ce respect que le sentiment
encore plus que les convenances a conservé, malgré les pertur-
bations et les bouleversements dont nous sommes depuis si
longtemps les malheureux témoins, parmi les débris de nos
anciennes mœurs ; il y a, dans ces attentions et ces délicatesses
pour celle qui va porter votre nom et doubler votre existence,
quelque chose de noble et de chevaleresque ; loin de nuire à
l'affection que doivent se porter les époux, elles servent au
contraire à l'entretenir et à la conserver.

Ce ne sera pas même assez, j'en suis convaincu, pour vous ;
tous ceux qui ont comme vous le sens délié et le flair délicat ne
s'en tiennent pas à ces formes extérieures, à ces bonnes manières,
à ces démonstrations de politesse et d'urbanité dont nous sommes
justement fiers ; tout cela, à la rigueur, pourrait n'être qu'un
vernis, qu'un faux semblant, qu'un moyen de donner le change
à l'opinion sur les sentiments dont on serait animé ; ils font
davantage, dans la mesure de leurs facultés, pour celle qu'ils
ont associée à leurs destinées ; ils entrent, le plus qu'ils peuvent,
dans ses pensées, dans ses goûts, dans ses désirs ; ils veulent,
autant qu'ils peuvent, être de moitié dans ses œuvres de bien-
faisance : *Muneribus et officiis,* a dit quelque part le judicieux
Quintilien, *colitur amicitia.*

Vous aurez soin, par conséquent, de lui ouvrir constamment
votre cœur ; après Dieu, c'est elle qui doit toujours y tenir la
première place ; souvenez-vous qu'elle est la chair de votre chair,
l'os de vos os, la prunelle de vos yeux. Elle a tout quitté
(parents et amis) pour vous suivre ; elle vous a dit, comme
Ruth la Moabite à Booz : « Étends, je t'en prie, ton manteau sur
moi ; je serai ta possession, ton bien, ta propriété ; aucun autre
que toi n'aura de droit sur moi : *Expande pallium tuum super
famulam tuam.* »

Tout en lui donnant des ordres, vous aimerez à prendre ses
conseils ; car, après tout, la femme n'est pas l'esclave, ni la
servante, ni la domestique de l'homme, *nec serva, nec ancilla ;*
Dieu ne l'a pas créée avec tant de grâces et d'aptitudes pour en

faire uniquement l'objet de ses convoitises et de ses caprices, il a voulu qu'elle fût sa compagne, son amie, son égale : *Faciamus ei adjutorium simile sibi*. Oh! combien de fois cette chère compagne de sa vie ne lui a-t-elle pas été utile dans une foule de circonstances où sa fortune, son honneur et sa santé ont été singulièrement exposés! Je n'en finirais pas, si je voulais rappeler en ce moment les exemples que présente à ce sujet l'histoire de presque toutes les familles.

Et vous, Mademoiselle Jeanne, vous, douce et suave comme la violette qui, au premier souffle du printemps, s'épanouit sur les plates-bandes de nos jardins; vous dont on ne saurait trop apprécier et savourer, avec les parfums qu'elles répandent, la bonté, la modestie et toutes les qualités qui peuvent rehausser une jeune personne; vous qu'il nous a été donné de marquer, à l'entrée de la vie, du sceau divin, du sceau sacré qui a fait de vous un enfant de Dieu et de l'Église, quels devoirs n'aurez-vous pas à remplir vis-à-vis de celui qui va vous être uni par le lien le plus intime?

Ai-je besoin, ma fille, de vous dire que vous devez le payer de retour dans l'affection qu'il vous porte. C'est une proposition qui ne se démontre pas, elle s'impose d'elle-même. Dans l'union que vous allez contracter, tout est réciproque. Si, aux termes de l'enseignement divin, le mari, comme nous l'avons dit plus haut, doit aimer son épouse comme le Sauveur aime l'Église, celle-ci, à son tour, doit aimer son mari comme l'Église aime le Sauveur. C'est saint François de Sales, ce saint délicieux, ce saint qui s'entendait bien dans la conduite des âmes, qui se plaît à vous le rappeler en termes aussi nets que précis : « Femmes, dit-il, aimez vos maris comme l'Église aime le Sauveur. » Voilà votre règle, voilà votre modèle; ne le perdez pas de vue; c'est pour vous la loi et les prophètes.

Or, ma chère enfant, de quels sentiments l'Église n'est-elle pas pénétrée pour le Sauveur? Elle l'aime d'estime, elle l'aime de confiance, elle l'aime d'amour. Elle l'aime d'estime : c'est son chef et son maître adorable; elle l'aime de confiance : c'est son guide le plus éclairé et son appui le plus ferme; elle l'aime d'amour : c'est son Dieu, c'est son roi, c'est son père.

Telle vous serez, ma fille, n'est-ce pas ? pour celui qui va vous être uni par le lien le plus intime. Vous l'aimerez d'estime : il y a de si belles qualités en lui, tant d'élévation dans l'esprit, tant de noblesse dans le cœur ; vous l'aimerez de confiance : aux formes les plus attrayantes il joint le jugement le plus droit et le caractère le plus sûr ; vous l'aimerez d'amour : tout ce qu'il a fait pour obtenir votre main vous donne la mesure de l'affection qu'il vous porte ; on ne résiste pas à de pareilles avances ; on paye d'un juste retour celui qui est animé de si bons sentiments pour vous.

Aucune de vos peines ni de vos jouissances ne lui sera cachée ; il faut qu'il lise comme dans un miroir tout ce qui se passe dans votre cœur ; de vous à lui, par conséquent, point de ces réserves, de ces réticences, de ces discrétions mystérieuses qui, en circonscrivant les rapports, finissent par refroidir le cœur ; le cœur a besoin d'expansion, d'ouverture, d'abandon, pour se livrer à son tour à celui qui l'attire.

Ce n'est pas tout, vous répondrez à sa confiance par votre attention à lui plaire. N'est-ce pas à cette fin que vous avez reçu du ciel, avec les grâces qui sont l'apanage de votre sexe, les vertus qui charment et qui plaisent ? Usez largement des unes et des autres suivant les vues de la Providence, qui vous a si merveilleusement dotée de tous ces avantages, afin de pénétrer de plus en plus dans son cœur. « La vierge chrétienne, dit l'apôtre saint Paul, ne s'occupe que de plaire à Dieu : *Virgo cogitat quæ Domini sunt.* Celle, au contraire, qui s'est engagée dans les liens du mariage doit encore songer à plaire à son époux : *Quæ autem nupta est cogitat quomodò placeat viro.* »

Vous redoublerez surtout, mon enfant, d'attentions et de soins, lorsque, par suite de quelque revers inattendu, vous verrez son front soucieux, son œil terne, sa lèvre plissée ; montrez-lui aussitôt un bon visage, demandez-lui avec intérêt ce qui l'oppresse et l'accable, dites-lui avec empressement que vous voulez être de moitié dans ses peines ; un doux regard, une affectueuse parole, un gracieux souvenir suffiront pour ramener le calme et la sérénité dans son âme. Quand les flots tourmentés par les vents d'hiver écument et grondent, l'oiseau de mer et sa fidèle compagne, réfugiés au creux d'un rocher, se pressent l'un contre l'autre, s'abritent et se réchauffent mutuellement. Il y a bien des tempêtes dans la vie; prenez exemple sur l'oiseau de mer et sa fidèle compagne, et vous ne craindrez ni les vents glacés, ni les flots qu'ils soulèvent.

Enfin, que des jours sereins ou nébuleux se lèvent sur l'horizon, un des premiers devoirs de la femme chrétienne est de prier, de solliciter, de supplier. Tous les matins, semblable à la colombe aux blanches ailes, elle monte, dans la ferveur de son oraison, vers le ciel, pour y porter avec les siens les vœux de sa famille ; elle n'en redescend que les mains pleines de grâces et de bénédictions qu'elle se plaît à répandre sur tous ceux qui l'entourent. Oh ! comme alors sa maison est douce, agréable, heureuse ! Tout y est bien réglé et ordonné. On y respire un air et un parfum qui viennent du ciel.

Mais qu'aperçois-je tout près du lit de sa mère ? C'est le berceau d'un petit enfant qui vient de naître. Il fait entendre ses premiers vagissements. Heureux père ! heureuse mère ! comme ils font battre votre cœur. Remerciez le ciel de ce qu'il a béni si promptement votre union; vous allez revivre dans l'enfant qu'il vous a donné.

Ici, mon cher frère et ma chère sœur, quelle foule de nouveaux devoirs va peser sur vous ! Tous les deux, vous êtes responsables; tous les deux, vous êtes solidaires; vous répondrez, l'un et l'autre, au jugement de Dieu sur la manière dont vous les aurez élevés.

Élever un enfant, vous le savez, ce n'est pas chose aisée. C'est, de l'aveu de tous ceux qui en ont fait l'expérience, une grande et grosse affaire. Salomon disait, lorsqu'il entreprit de bâtir un temple au Seigneur, qu'il avait pris à ses risques et périls une lourde charge : *Opus grande facio*. Eh bien ! quelque difficile et pénible qu'ait été pour ce puissant souverain l'œuvre qu'il avait entreprise, on peut assurer que l'éducation d'un enfant ne l'est pas moins; elle exige, de la part de celui qui s'en charge, tant de soins minutieux, une surveillance si active, une patience à toute épreuve; il peut dire aussi bien que ce grand monarque : J'ai pris sur moi un rude labeur, *opus grande facio.*

Apprenez-leur avant tout ce qu'ils doivent savoir pour être sauvés; apprenez-leur à aimer et servir Dieu; apprenez-leur à détester et à fuir le péché; apprenez-leur à goûter et à pratiquer la vertu; apprenez-leur, par vos exemples encore plus que par vos leçons, le cas qu'ils doivent faire des saintes prescriptions de l'Église; c'est là ce que vos dignes mères vous ont appris dans le temps; apprenez-le à votre tour aux enfants que le ciel vous donnera; vous ne pourrez leur transmettre un meilleur héritage.

Voilà, sans doute, mon cher frère et ma chère sœur, de grands et de nombreux devoirs qui vont vous être imposés. Ce serait véritablement, si l'on n'avait qu'à compter sur soi-même, à en être effrayé. Mais, soyez tranquille, Dieu sera avec vous pour vous aider et vous soutenir; ce n'est pas en vain qu'il vous a appelés à l'état saint du mariage; il a voulu que vous fussiez les continuateurs de son œuvre; vous ne serez par conséquent que des instruments entre ses mains pour la propagation de sa grande famille; pourrait-il dès lors vous abandonner à vos propres forces? Il est trop juste et trop bon pour ne pas proportionner les secours dont vous avez besoin à la mission qu'il vous donne.

Que n'a-t-il pas déjà fait pour vous, ce divin Auteur des saintes alliances ! Il a établi dans son Église une source spéciale de grâces pour ceux qu'il appelle à l'état saint du mariage. Ceux-ci pourront, quand bon leur semblera, venir, en toute circonstance, y puiser les secours dont ils auront besoin. De cette source admirable jaillissent, par divers canaux, des eaux merveilleuses qui purifient, rafraîchissent et fortifient l'âme. Vous n'aurez pas beaucoup de chemin à faire pour vous y rendre; elle est tout à fait près de vous, le Seigneur l'a établie dans le sacrement que nous allons vous administrer.

Préparez-vous donc, mon cher frère et ma chère sœur, à recevoir le don céleste; c'est lui seul qui peut rendre votre union aussi douce que solide. Que serait, en effet, un mariage dont la religion n'aurait pas été la base et le principe ? Illusion que le premier enchantement ! le charme s'en va bien vite. Alors c'est une source de peines sans dédommagement, de dégoûts sans consolations, de divisions sans remède. Mais il n'en est pas ainsi des unions faites sous l'inspiration et les auspices de la religion. Oh ! qui pourrait dire la douceur et la félicité qui les accompagnent ! Là, point de déception, point de désenchantement ; c'est une paix toujours ancienne et toujours nouvelle, entretenue par les sentiments d'une véritable amitié ; à la fin de leur carrière, les époux en sont encore comme aux premiers jours de leur union.

Mais pourquoi, chers enfants, retarder l'instant de votre bonheur ? Il ne me reste qu'un souhait à former pour vous : c'est le même que je formai dans le temps, lorsque je bénis, dans une église voisine, l'union de vos excellents parents. Pourriez-vous, Seigneur, ne pas l'exaucer ? Oui, accomplissez sur ces pieux jeunes gens les présages qu'ils font concevoir de leurs heureuses destinées. Abaissez sur eux ces regards de miséricorde et de bonté que vous réservez à ceux qui s'approchent de vous avec confiance. Versez à flots sur eux les bénédictions que vous répandiez à pleines mains sur les enfants des patriarches ! Faites que, nouveau Zacharie et nouvelle Elisabeth, ils marchent toujours, tous les deux, dans la voie de vos commandements. Faites que, suivant la noble impulsion de leur cœur, ils ne s'écartent jamais des saintes traditions d'honneur et de piété qu'ils ont rencontrées dans leurs familles ! Faites, en un mot, que tous leurs jours ressemblent à ce jour, où, pénétrés de respect, de confiance et d'amour, ils s'inclinent avec foi pour recevoir votre bénédiction.

O mon Dieu, ce n'est pas seulement votre ministre qui vous prie en ce moment pour qu'il vous plaise de ratifier les vœux qu'on fait monter de toutes parts vers le ciel pour le bonheur de ces chers enfants. Ce sont deux familles dans lesquelles votre nom est adoré, aimé et béni comme il mérite de l'être. Ce sont deux pères, l'honneur et la gloire de deux grandes cours, qui vous remettent, chacun de leur côté, ce qu'ils ont de plus cher au monde, afin que vous le remettiez vous-même à celui qui doit faire ici-bas son bonheur. Ce sont deux mères-modèles, l'une encore sur la terre, et l'autre déjà dans le ciel, qui intercèdent du plus profond de leur âme pour le plein succès d'une alliance qui leur agrée de tous points. Ce sont des frères et des sœurs, tous unis par les liens d'une affectueuse et imperturbable amitié, qui se félicitent réciproquement de l'acquisition qu'ils font dans la personne du nouveau frère ou de la nouvelle sœur que nous allons leur donner. Ce sont des oncles et des tantes qui, ayant toujours eu des tendresses marquées pour leur neveu ou pour leur nièce, s'applaudissent aujourd'hui d'une union qui met le comble à tous leurs vœux. Ce sont des cousins et des cousines, jeunesse aimable et gracieuse, qui viennent, le cœur tout épanoui de joie, faire leur cour au nouveau parent et à la nouvelle parente qui leur arrive. Ce sont des amis de cœur, des amis éprouvés, des amis de vieille date qui, s'associant à tous les vœux de la famille, remercient le Ciel de l'insigne satisfaction qu'il lui procure.

Encore quelques instants, mon cher frère et ma chère sœur, et je présenterai moi-même tous ces vœux au Seigneur par les mains de Celle qui, à pareil jour qu'aujourd'hui, lui offrit, dans la personne de son divin Fils, l'hostie la plus sainte et la plus méritante qu'il pouvait désirer ; la sainte Vierge, qui a tant fait pour vous, ne saurait vous refuser cette dernière grâce ; elle appuiera de toute la puissance de son crédit l'humble supplique que nous serons heureux de lui recommander.

† JEAN-PAUL, *Archevêque d'Alby.*

Alby. — Ernest DESRUE, Imp. de l'Archevêché.
1875 — 747

144